BEI GRIN MACHT SICH IHR WISSEN BEZAHLT

- Wir veröffentlichen Ihre Hausarbeit, Bachelor- und Masterarbeit

- Ihr eigenes eBook und Buch - weltweit in allen wichtigen Shops

- Verdienen Sie an jedem Verkauf

Jetzt bei www.GRIN.com hochladen und kostenlos publizieren

Der IoT Service "OMNIedge" von THK für die Lineartechnik. Funktion und Analyse

Cataldo Bosso

Bibliografische Information der Deutschen Nationalbibliothek:

Die Deutsche Nationalbibliothek verzeichnet diese Publikation in der Deutschen Nationalbibliografie; detaillierte bibliografische Daten sind im Internet über http://dnb.d-nb.de abrufbar.

ISBN: 9783346817600
Dieses Buch ist auch als E-Book erhältlich.

© GRIN Publishing GmbH
Nymphenburger Straße 86
80636 München

Druck und Bindung: Books on Demand GmbH, Norderstedt Germany
Gedruckt auf säurefreiem Papier aus verantwortungsvollen Quellen

Das Buch bei GRIN: https://www.grin.com/document/1326081

Diploma Hochschule
Private Hochschule Nordhessen

Fachbereich Technik – Studiengang Wirtschaftsingenieurwesen
Modul: Wirtschaftsinformatik

Hausarbeit zum Thema

OMNI EDGE – Der IoT Service von THK für die Lineartechnik
(Predictive Maintenance)

eingereicht von:

Cataldo Bosso

Datum: 05.01.2023

Inhaltsverzeichnis

Abbildungsverzeichnis

Abkürzungsverzeichnis

IoT	Internet of Things / Internet der Dinge
et al.	Et altera
usw.	Und so weiter
PM	Predictive Maintenance
z.B.	Zum Beispiel

1 Einleitung

Ungeplante Maschinenausfälle können nicht nur das eigene Unternehmen, sondern viele andere Bereiche der Lieferkette negativ beeinflussen. Daher ist es wichtig, den Ausfall von Maschinenkomponenten zu vermeiden oder im Vorfeld zu erkennen. Das Unternehmen Senseye Ltd. hat 72 Industrieunternehmen befragt. Der Bericht stellt fest, dass große Produktionsanlagen in der Regel 323 Produktionsstunden pro Jahr aufgrund von Maschinenstillständen verlieren. Die erschütternden Gesamtkosten für entgangenen Umsatz, Bußgelder, Maschinenneustarts usw. beliefen sich auf 532.000 US-Dollar pro Stunde. Das sind 172 Millionen US-Dollar pro Jahr.[1] Abhilfe kann Predictive Maintenance und das Internet of Things schaffen (im weiteren Verlauf IoT). Unter dem Namen, „OMNIedge" bietet das Unternehmen THK GmbH (japanischer Hersteller von Linearführungen) ein einsatzfertiges Sensorik System an, um Linearführungen über die gesamte Lebensdauer zu überwachen. In vielen Produktionsanlagen kommen lineare Bewegungen vor, somit sind Linearführungen wichtige Komponenten in einer Maschine. Mit dem Einsatz von OMNIedge kann ein bestmöglicher Zeitpunkt für eine Wartung oder der rechtzeitige Austausch von Linearführungen ermittelt werden, bevor es zu zeit- und kostenintensiven Maschinenausfällen kommt.

---

[1] vgl. Large, 2022

1.1 Problemstellung

Es gibt verschiedene Instandhaltungsstrategien für Maschinenkomponenten, wie z.B. die vorausschauende Instandhaltung oder die Zustandsüberwachte Instandhaltung. Speziell für Wälzkörper gelagerte Führungen ist die Entwicklung noch nicht weit fortgeschritten. In nahezu allen Branchen werden Linearführungen in Maschinen eingesetzt (in Werkzeugmaschinen, Verpackungsmaschinen, Druckmaschinen). Aus diesem Grund ist der Ausfall dieser Komponenten vorzubeugen.

1.2 Forschungsfragen

Bezugnehmend auf eine vorausschauende Instandhaltung werden sensorbasierte Zustandsüberwachungen untersucht, um vorzeitige Maschinenausfälle vorzubeugen. Wie THK mögliche Maschinenausfälle bei Maschinenanwender im Voraus mit dem OMNI Edge Konzept vermeiden kann, wird anhand folgender Fragestellungen untersucht:

- Was ist Sensorik basierte Zustandsüberwachung?
- Wie funktioniert das Lösungskonzept IOT – OMNIedge von THK?
- Wie kann das THK Lösungskonzept die Maschinenanwender unterstützen, um Maschinenausfälle rechtzeitig zu vermeiden?

1.3 Zielsetzung der Arbeit

Das Ziel dieser Hausarbeit ist es, ein sensorbasiertes Überwachungssystem von THK vorzustellen. Die Definition der Kriterien für die Auswahl eines adäquaten Schmiermediums und die Analyse von Schadensbildern von wälzgelagerter Linearführungen auf mögliche Ausfallursachen.

2 Definition und Grundlagen

In diesem Kapitel werden die Grundlagen und die Definitionen für eine vorrauschauende Instandhaltung und für eine sensorbasiertes Überwachungssystem erläutert. Zudem werden die Ursachen für vorzeitige Ausfälle von Linearführungen erklärt.

2.1 vorrauschauende Instandhaltung / Predictive Maintenance

Predictive Maintenance (vorausschauende Instandhaltung) ist eine Ausdehnung der zustandsabhängigen Instandhaltung. Die Aufgabe ist Anlagenfehler zu prognostizieren und auszuwerten. Wie auch die zustandsabhängige Instandhaltung hat PM das Ziel, Maschinenteile und Maschinen weit auszuschöpfen. Es sollen dadurch Maschinenausfälle verhindert werden. An den Maschinenteilen angebrachten Sensoren sammeln die Informationen und senden diese an eine Datenbank. Anhand der gesammelten Daten werden dann durch verschiedene Maßnahmen baldige mögliche Ausfälle oder Schwierigkeiten prognostiziert.[2] Mit den über einen längeren Zeitraum gesammelten Daten kann ein mögliches Ausfallverhalten von Maschinen und Maschinenteilen vorausgesagt werden. Es können dann, bevor Störungen auftreten Wartungspläne erstellt werden und die benötigten Ersatzteile im Voraus beschafft werden. Die Vermeidung und Reduktion von Produktionsausfällen werden dadurch günstig beeinflusst.[3] Mit verschiedenen Konzepten für eine vorrauschauende Instandhaltung, die den Zustand der Maschinen überwachen, sind Anlagenbetreiber imstande, die Instandhaltung bezüglich der Ersatzteile und Personal zu planen und zu optimieren.[4]

---

[2] vgl. Eoda, 2019a

[3] vgl. Bauernhansl et al., 2014, S. 545.

[4] vgl. Schaeffler, 2019, S. 9f.

Predictive Maintenance lässt sich in vier Phasen aufteilen: [5]

Abbildung 1: Die vier Phasen von Predictive Maintenance[6]

1. **Erfassung von Daten:** Um den aktuellen Zustand einer Anlage, Anlagenteilen oder Umgebungsparameter zu überwachen, werden verschiedene meistens sensorbasierende Technologien verwendet. Das sind in der Regel Temperatur- oder Vibrationsüberwachungen oder allgemeine Überwachung der Leistung der Anlage.

2. **Speicherung der Daten:** Bei der fortlaufenden Erfassung der Daten entstehen hohe Datenmengen. Diese sind oftmals (weltweit) verteilt. Deshalb sollten relevante Daten übersichtlich in einem Data-Warehouse-System abgelegt werden.

3. **Analyse und Auswertung:** Damit die erfassten Daten prognostiziert werden können, werde diese mit einem statistischen Analyseverfahren analysiert. Es sollten hierzu große und qualitative Datenbasis vorliegen. Die durch abgeleitetes Muster können dann Ereignisse in der Zukunft vorhersehen.

4. **Ermittlung der nächsten Instandhaltung:** Die Grundlage zur Auswahl der Art und des Zeitpunktes bilden die analysierten Daten, wann eine

---

[5] vgl. Eoda, 2019b, S. 15ff.

[6] vgl. Eoda 2019c, S. 15ff.

Instandhaltung stattfinden soll. Damit ein Ausfall von Anlagen oder Anlagenteilen vorzubeugen bzw. zu verhindern.

2.2 THK GmbH

THK wurde 1971 in Meguro-ku, Tokio, unter dem ursprünglichen Namen Toho Seiko Co., Ltd. gegründet. THK entwickelte 1972 als erstes Unternehmen der Welt eine Methode der linearen Bewegung mit rollendem Kontakt und begann mit Produktion und Vertrieb der marktreifen Linearführungen. Die einzigartigen Technologien haben THK weltweit zu einem der wichtigsten Unternehmen und Pionier im Bereich der Linearführungen werden lassen. Linearführungen sind heute unverzichtbare Komponenten mechanischer und elektronischer Systeme in einer Vielzahl von Industriezweigen.[7] Die drei Buchstaben *THK* stehen für "*T*oughness (Stabilität)", "*H*igh Quality (*H*ohe Qualität)" und "*K*now-how". THK möchte zur Entwicklung und zum industriellen Fortschritt beitragen, Weiterentwicklung von Technologien und Produktionsprozessen sind die drei Prinzipien worauf sich THK konzentriert.[8]

2.3 OMNledge – Der IoT Service für die Lineartechnik

Das Internet der Dinge (IoT) ist ein Konzept, welches dem Anwender die Vernetzung von Produkten mit dem Internet ermöglicht. Im Zentrum steht dabei ein wichtiges Element: Die Sensorik. Eine Sensorik, die z.B. Temperatur oder Geschwindigkeit evaluiert, verknüpft mit einem Netzwerk, welches die Signale von der Sensorik erfasst und verarbeitet, bildet das Internet of Things. Im Bereich der Industrie 4.0 entstehen durch diese Zusatzinformationen positive Aspekte, wie die Optimierung von Wartung und Verfügbarkeit von Maschinen und das Überwachen von Produktionsmaschinen durch die eingebaute Sensorik, die automatisch die Anwender informiert wenn alarmierende Messwerte erreicht

---

[7] vgl. THK, 2022a.

[8] vgl. THK, 2022b.

werden.[9] Die Firma THK hat mit dem THK OMNIedge System als ein vorausschauendes Überwachungssystem entwickelt, das den Zustand von Maschinenkomponenten diagnostiziert, überwacht und eine Fehlererkennung durchführt. Mit einem Sensorsystem an den Maschinenkomponenten angebrachte Sensoren, werden aktuelle Daten gesammelt, die durch einen Algorithmus analysiert und über ein Netzwerk übertragen werden. Dadurch können Verschleißzustände und Schmierzustände der angeschlossenen Maschinenteile und Zustände erkannt werden.[10] Das System beinhaltet einen Sensor, einen Verstärker und ein Kommunikationsgerät. Es können bis zu drei Sensoren an einem Verstärker angeschlossen werden die aus verschiedenen Komponenten bestehen können.

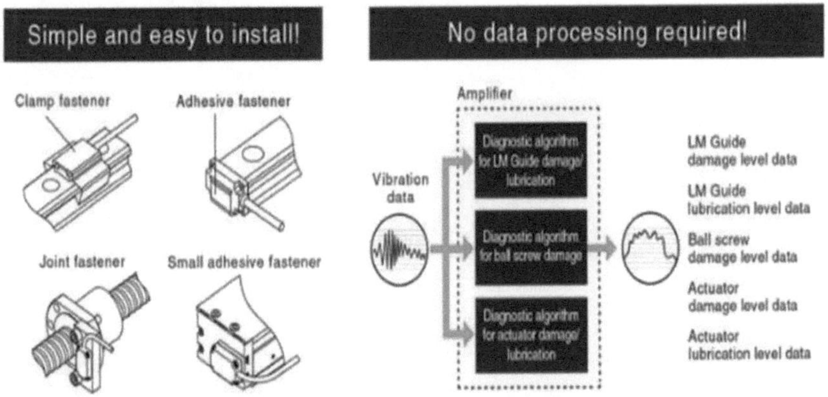

Abbildung 2: Die Technologie von THK OMNIedge[11]

Das Überwachungssystem kann die Messergebnisse des Sensors aufnehmen und reicht die Daten anschließend an einen Edge Computing Router. Die Informationen werden an einem gesicherten Netz gesendet. Über einen Vibrationssensor können Schwingungen aufgezeichnet werden, die

---

[9] vgl. SAS, 2022.

[10] vgl. THK, 2022c.

[11] vgl. THK, 2022d.

Rückschlüsse auf einen Schmierstoffmangel oder auf mögliche Schäden geben. Verfügbar sind die gesammelten Informationen über ein browserbasiertes Dashboard und können für eine vorausschauende Fehlererkennung genutzt werden. Der Anlagenanwender kann daraus eine Wartung einleiten oder entsprechende Maßnahmen veranlassen. Das von THK entwickelte Vibrationssensor wird auf eine Linearführung montiert und nimmt dort die auftretenden Schwingungen auf. Für die Datenübertragung und für die Vernetzung arbeitet THK mit Cisco und mit einen japanischen Mobilfunkbetreiber NTT Docomo zusammen.[12]

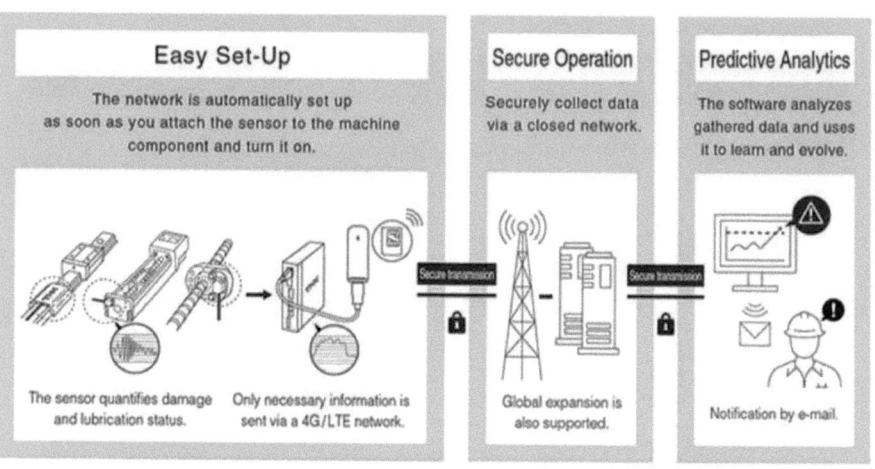

Abbildung 3: Die Funktionsweise des OMNIedge- Systems[13]

---

[12] vgl. Michel, 2019, S. 19

[13] vgl. THK, 2022e.

Hauptvorteile des OMNIedge Systems für die Kunden sind die Zeit- und Geldersparnisse durch Anwendung der zustandsbasierten Wartung, mit dem FIELD-System verbundene Geräte und ein einfacher Start mit IoT-Nachrüstung von Vibrationssensoren. Die Wartungsarbeiten können durch die Kombination der OMNI-Edge-Diagnoseergebnisse mit anderen wartungsbezogenen Apps auf dem FIELD-System verbessert werden (z.B. Optimierung der monatlichen Schmierung oder vorausschauende Wartungs-Apps).[14]

2.4 Funktionsweise Sensorik basierter Zustandsüberwachung

Die Zustandsüberwachung wird im Allgemeinen die regelmäßige und kontinuierliche Erfassung des Zustandes einer Maschine, Anlage oder Maschinenkomponenten durch Sensoren bezeichnet. Die eingesetzten Schwingungssensoren bzw. Beschleunigungssensoren messen bestimmte relevante Größen wie Schwingung, Beschleunigung, Ölstand, Schmierzustand oder Temperatur. Die ermittelten Messdaten werden mithilfe einer angeschlossenen Software erfasst. Durch das Zusammenwirken von unterschiedlichen Aspekten wie die Chemie, Medizin, Biologie oder der Physik entstehen eine Vielfalt von Anwendungsmöglichkeiten und Sensorsystemen. Sensoren sind technische Mittel der Sensorik, um physikalische nichtelektrische Zustandsgrößen zu erfassen.[15] Wenn das Sensorelement und die Auswerteelektronik in einem Sensor eingefügt sind und diese mit der elektronischen Umwelt kommunizieren, spricht man von intelligenten Sensoren.[16] Der Aufbau eines Sensors ist zweiteilig und besteht aus einem Sensorelement und einer Auswerteelektronik.

---

[14] vgl. Fanuc, 2022

[15] vgl. Schiessele, 1992, S. 11.

[16] vgl. Schmidt, 2007, S. 20.

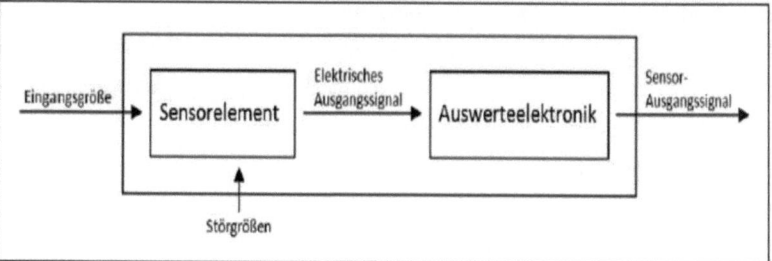

Abbildung 4: Wirkprinzip eines Sensors[17]

Der ermittelte IST-Zustand eines Messgegenstandes wird in ein elektrisches Ausgangssignal durch naturwissenschaftliche Gesetze umgewandelt. Die Ausgangssignale werden mit Hilfe von Softwareprogrammen oder einer Schaltelektronik über eine Auswertemechanismus ausgewertet und zur Steuerung von Prozessen verwendet.[18]

3 Auswahl Schmiermedien und Ausfälle von Wälzlager

In diesem Kapitel werden Wälzkörper gelagerte Linearführungen erläutert. Es werden Kriterien für die Auswahl von adäquaten Schmiermedien definiert und vorzeitige Ausfälle von Linearführungen betrachtet.

3.1 Wälzkörper gelagerte Linearführungen

Mit Wälzkörper gelagerten Linearführungen können kostengünstig und hochpräzise lineare Bewegungen von Maschinenteilen realisiert werden. Die Hauptkomponenten bestehen aus einer Schiene und Wagen. Durch Kugeln wird eine Bewegung der Schiene und Wagen ermöglicht. Die Kugeln laufen in Laufrillen, die sich sowie in der Schiene als auch im Wagen befinden. Die Wälzkörper ermöglichen eine reibungsarme, gleichmäßige und präzise

---

[17] vgl. Hering et al., 2012, S.1.

[18] vgl. Hering et al., 2018, S.1.

Übertragung der Kraft mit einer hohen Steifigkeit.[19] Die Wälzkörper sind gehärtete Komponenten sowie auch die Laufbahnen Randschichtgehärtet und geschliffen sind.[20] In Werkzeugmaschinen werden wegen der hohen Anforderungen an die Steifigkeit, bevorzugt Rollenführungen eingesetzt. Die Profilschienenführungen werden wie folgt eingeteilt:

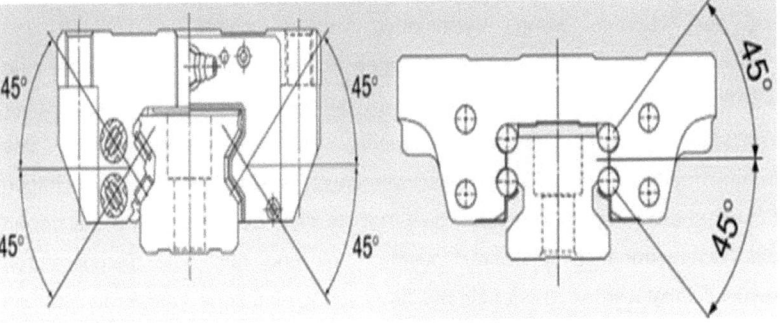

Abbildung 5: Querschnittsansichten einer THK Rollen,- und Kugelführung[21]

Die Entwicklung solcher Profilschienenführungen gingen vom Werkzeugmaschinenbau aus. Durch die Erhöhung der Automatisierung und Produktionsgeschwindigkeit stießen die Gleitführungen an ihre Grenzen. Aus diesem Grund wurden die Profilschienenführungen entwickelt.[22]

---

[19] vgl. Ackermann, 1991a, S. 48f.

[20] vgl. Ackermann 1991b, S. 8f.

[21] vgl. THK, S. A1-180 und A1-412.

[22] vgl. Ruß et al., 2000a, S. 156f.

3.2 Kriterien für die Auswahl eines Schmiermediums

Überall wo Teile bewegt werden, treten Reibung und Verschleiß auf. Reibung und Verschleiß können nicht ganz verhindert werden, jedoch ist die Schmierung eine wichtige Maßnahme. Durch die Schmierung wird eine Trennung von Grund- und Gegenkörper angestrebt.[23] Schmierfette und Schmieröle erfüllen Aufgaben wie der Reibreduzierung, Vermeidung von Verschleiß, Abdichtung und Korrosionsschutz.[24] Die Wahl des richtigen Schmiermedium spielt hierbei eine wichtige Rolle. Die meisten Ursachen weswegen Linearführungen oder Wälzlager vorzeitig ausfallen können, ist die Falschauswahl des Schmiermediums und die Mangelschmierung. Für die Auswahl des richtigen Schmiermedium sollte folgendes beachtet werden, die Materialien, auf denen das Schmiermedium eingesetzt werden soll und auch die Temperaturen berücksichtigt werden. Besteht in der Anwendung eine hohe Temperatur, sollten Schmierstoffe, die nur für niedrige Temperaturbereiche ausgelegt sind, wegfallen. Ein wichtiges Kriterium ist aber die Viskosität des Schmiermediums. Umso höher der Wert der Viskosität ist, desto dickflüssiger ist der Schmierstoff. Daraus resultierend ist die Haftung an Oberflächen und negativer die Kriechfähigkeit. Chemische Einflüsse und Kühlwasserbeständigkeit sollten auch berücksichtigt werden.[25] Damit das richtige Schmiermedium ausgewählt werden kann, sollten folgende Punkte definiert werden:[26]

1. Angaben zur Anwendung (Einbaulage, Maschine/Gerät usw....)
2. Angaben zum Maschinenelement (Linearführung usw....)
3. Betriebsbedingungen (Umgebungsbedingungen, Temperatur usw....)
4. Anforderungen an dem Schmiermedium (Geräuscharm usw....)

---

[23] vgl. Chemie, 2022.

[24] vgl. Ruß et al., 2000b, S. 293f.

[25] vgl. Contorion, 2022.

[26] vgl. Klueber 2022a.

5. Angaben zur Schmierung (Schmierintervalle, Zentralschmierung usw....)

Eine Schmierung mit Öl sollte erfolgen, wenn eine Zentralschmierung eingesetzt wird die mehrere Maschinenelemente mit Öl versorgt. Ansonsten ist die Fettschmierung umweltfreundlicher und preiswerter, da Kostenintensive Schmieranlagen fortfallen.[27]

3.3 Analyse auf mögliche Ausfallursachen

Wälzlager sind genormte Standardkomponenten, im eingebauten Zustand sind sie kritische Maschinenelemente. Wenn diese während des Einsatzes ausfallen, sollten schnellstmöglich die Ursachen dafür herausgefunden werden, um sie dauerhaft zu eliminieren.[28] Durch Ausfall der Komponenten kann die gesamte Maschine ausfallen und es kommt zu einem unerwarteten Maschinenstillstand. Mögliche Ursachen sind Mangelschmierung, falsche Handhabung, Auswahl des falschen Lagers, Umgebungsbedingungen und mangelhaftes Kühlschmierstoff. Um mögliche Ursachen von Lagerschäden zu bestimmen und dergleichen Schadensbilder zukünftig zu vermeiden, können diese folgenden Maßnahmen entscheidend sein:[29]

- Prüfung des Lagerzustand während einem möglichen Ausfall
- Untersuchung des Schmierzustandes und des Einbauzustands sowie eine Schadensanalyse des defekten Lagers.

[27] vgl. Ruß et al., 2000c, S. 297f.

[28] vgl. Klaus Findling, 2022

[29] vgl. nskeurope.de, 2022.

Abbildung 6: Korrosion der Wälzkörper und wegen Mangelschmierung[30]

Das Schadensbild liegt vor (Abbildung 6), wenn widrige Umgebungsbedingungen in der Anlage vorliegen. Die relative Gleitreibung zwischen Metall und Metall führt zur Bildung von feinen Partikelemissionen, wenn der Ölfilm an der Kontaktstelle der Wälzkörper unter der Mikrozollbewegung reißt. Die ständige Reibung des Mikropulvers bewirkt, dass sich der Kugelspalt vertieft, wodurch Verschleiß und Mikropulver beschleunigt werden. Der Eindruck zustand wird durch die Rauheit der Rollfläche und die Dicke des Ölfilms beeinflusst.[31] Abhilfe können Spezialschmierstoffe leisten, da spezielle Schmierstoffe die Tragfähigkeit von Profilführungsschienen deutlich erhöhen können. Zudem werden die Wartungsintervalle und Nachschmierintervalle deutlich verlängert.[32]

---

[30] vgl. Patt, 2022.

[31] vgl. Bartz et al., 1998, S.142f.

[32] vgl. Klueber, 2022b.

4 Schlussbetrachtung

In der Schlussbetrachtung dieser Hausarbeit, werden die wirtschaftlichen und die IT- Sicherheitsrelevanten Gesichtspunkten bezüglich IoT und das Sensorbasierte System OMNIedge von THK betrachtet. Abschließend werden die Erkenntnisse zu dieser Hausarbeit zusammengefasst.

4.1 Wirtschaftliche Betrachtung

Bei IoT ist die Datensicherheit sehr wichtig und benötigt eine kritische Betrachtung. Auch wenn IoT mit positiven Gesichtspunkten überzeugt, können sich genauso Gefahrenquellen entwickeln. Die größte Schwierigkeit bei der Realisierung von OMNI EDGE zählen die Qualität und die Menge der Informationen und auch die IT-Sicherheit. Die Auswahl der Daten stellen Unternehmen vor großen Herausforderungen, da die hinzukommende Datenerfassung die Daten je nach Fall ausgewertet und genutzt werden müssen. Darunter sind die Verfügbarkeit und Vertraulichkeit der Daten zu schützen. Zudem öffnen sich weitere Diskussionen dazu auf, wenn die Anwender die Instandhaltungslösungen über einen Anbieter erhalten, sehen diese den Datenfluss als kritisch an. Der Anbieter braucht den Zugriff auf Kundendaten, wie Ablauf- und Qualitätsdaten, um damit den Algorithmus dafür zu verbessern. Die Anwender möchten aber ihre Unternehmensinformationen aufgrund von Datenschutz und aus Wettbewerbsgründen nicht zur Verfügung stellen. Aus wirtschaftlichen Gründen ist eine Überwachung der Maschine bzw. Anlagenzustand zur vorausschauenden Erkennung von Schäden nicht unbedingt für jede Maschine oder Anlage angebracht. Die Entscheidung dafür sollte dann das Management des Unternehmens treffen. Da durch den Einsatz dieses neuentwickelten Überwachungssystems nicht zu vernachlässigende Kosten entstehen können.

4.2 Zusammenfassung und Erkenntnisse

Im Zuge dieser Hausarbeit wurde das Thema Instandhaltungsstrategien bearbeitet und eine Sensorik basiertes Überwachungssystem der Firma THK GmbH vorgestellt. Des Weiteren wurden Einflussfaktoren aufgezählt, die zu einem frühzeitigen Ausfall von Linearführungen führen können. Die Definition der Kriterien für die Auswahl eines adäquaten Schmiermediums und die Untersuchung der negativen Auswirkungen bei Falschauswahl wurden ebenfalls beschrieben. Der Fokus dieser Hausarbeit lag in der Ausarbeitung von Problemen und Chancen beim Einsatz von Predictive Maintenance und der THK-Lösung OMNI EDGE für die Lineartechnik. Als Ergebnis dieser Ausarbeitung wurden im Hauptteil zunächst PM allgemein und technisch beschrieben. Der Einsatz dieser Technologie wurde in vier Phasen benannt. Das neue entwickelte Überwachungssystem OMNIedge von THK wurde erläutert und die Funktionsweise beschrieben. Es wurden in dieser Ausarbeitung auch die Einflussfaktoren für mögliche Ausfälle Wälzlagergelagerten Linearführungen erläutert und anhand von Schadensbilder aufgezeigt.

Bei der Implementierung des neu entwickelten Überwachungssystems der Firma THK GmbH, sind Unternehmen von verschiedenen Branchen vor Herausforderungen betroffen. Die größte Herausforderung liegt dabei dieses System präzise in den Maschinen zu integrieren, das verlässliche Daten aufnimmt und diese auch richtig auswertet. Durch die Weiterverarbeitung der ermittelten Daten die Datensicherheit sicherstellt und den Datenschutz nicht vernachlässigt. Durch den Einsatz dieser neuen Sensorbasierten Technik können Unternehmen sich in den jeweiligen Märkten gegenüber der Konkurrenz behaupten und hervorheben. Das IOT-THK OMNIedge Service kann den Kunden helfen und unterstützen vorzeitige Ausfälle vorrauschauend vorzubeugen. Zusammenfassend ist es wichtig, dass Unternehmen ihren eigenen Kompromiss finden, wie IoT-Anwendungen in den Produktionsmaschinen integriert werden können und wie hoch die Bereitschaft dazu ist.

Literaturverzeichnis

Monographien

Ackermann, Joachim: Kugelgewindetriebe und Linearführungen
Präzisionsmaschinenelemente für die Linearbewegungstechnik,
Landsberg/Lech: Beltz Verlag, 1991, S. 8f bis 48f.

Bartz, Wilfried/Wippler Elmar/Kleinlein, Erich: Einsatz von Wälzlagern bei
extremen Betriebs- und Umgebungsbedingungen: Optimierung durch
geeignete Konstruktion und Entwicklung von Wälzlagern, Schmierung und
Abdichtung: Expert Verlag, 1998, S. 142f.

Bauernhansl, Thomas/Hompel, Michael/Vogel-Heuser, Birgit: Industrie 4.0
in Produktion, Automatisierung und Logistik: Anwendung · Technologien ·
Migration: Springer Verlag, 2014, S. 545

Hering, Eckbert/Schönfelder, Gert: Sensoren in Wissenschaft und Technik:
Springer Fachmedien, 2012, S. 1

Hering, Eckbert/Schönfelder, Gert: Sensoren in Wissenschaft und Technik
2.Auflage, Springer Fachmedien, 2018, S. 1

**Ruß, August Georg/Bretscher, Herbert/Bretschneider, Jochen/Heuser,
Wolfgang/Tetzlaf, Cornelia/Velde, Henryk:** Linearlager und
Linearführungssysteme: 2. Auflage, Expert Verlag, 2000a-c, S. 156, S. 293,
S. 297

Schaeffler Monitoring Services GmbH: Condition Monitoring Praxis:
Handbuch zur Schwingungs-Zustandsüberwachung von Maschinen und
Anlagen: 1. Auflage, Vereinigte Fachverlage, 2019, S. 9f.

Schiessle, Edmund: Sensortechnik und Messwertaufnahme: Vogel
Communications Group GmbH & Co. KG., 1992, S. 11

Schmidt, Wolf-Dieter: Sensorschaltungstechnik: 3. Auflage, Vogel
Communications Group, 2007, S. 20

Zeitschriftenartikel

Stefanie Michel: Auf die Führung hören; erschienen in: Die Messe Daily zur EMO Hannover, Ausgabe 5 vom 20.09.2019, S. 19

Whitepaper

Eoda GmbH: Predictive Maintenance (mir R) – Leistung immer und überall dank vorausschauender Wartung basierend auf statistischen Modellen – Potenziale und Möglichkeiten der freien Statistiksprache R für neue Geschäftsmodelle im Industrie 4.0 Zeitalter: Kassel 2019a-

Internetquellen

Chemie: Schmierverfahren: (o. D.), https://www.chemie.de/lexikon/Schmierverfahren.html (abgerufen am 08.12.2022)

Fanuc: OMNI edge - THK - FANUC IoT solutions: (o. D.), https://www.fanuc.eu/de/de/iot-solutions/omni-edge (abgerufen am 23.12.2022)

Findling, Klaus: Schadensanalyse bei Wälzlagern: 20.09.2017, https://www.kenext.de/antriebstechnik/mechanische-antriebstechnik/schadensanalyse-bei-waelzlagern-aus-fehlern-lernen-122.html (abgerufen am 15.12.2022)

Klüber Lubrication: Spezialschmierstoffe für Linearführungen: (o. D.), https://www.klueber.com/de/de/industrieloesungen/bauteile/linearfuehrungen-schmierstoffe/ (abgerufen am 10.12.2022)

Large, Martin: So viele Milliarden Dollar kosten ungeplante Maschinenstillstände: 14.07.2021, https://www.all-electronics.de/automatisierung/soviele-milliarden-kosten-ungeplante-machinenstillstaende-271.html (abgerufen am 06.12.2022)

NSK Europe: Schadensdiagnose Wälzlager: (o. D.), https://www.nskeurope.de/de/bearings/services/troubleshooting.html (abgerufen am 15.12.2022]

Pat, P.: Kugelförmige Linearführung der EG-Serie mit niedrigem Profil: 2022, http://de.thknskhiwin.com/eg-series-low-profile-ball-type-linear-guideway-product/ (abgerufen am 29.11.2022)

SAS GmbH: Das Internet der Dinge: Vom Spielfeld zum Geschäftsfeld: (o. J.), https://www.sas.com/de_de/insights/big-data/internet-of-things.html/ (abgerufen am 01.12.2022]

THK: OMNIedge - Der IoT-Service für die Lineartechnik: 2023a-e,
https://www.thk.com/?q=de/node/22500 (abgerufen am 29.11.2022)